A ÁRVORE

Silvia Gomez

A ÁRVORE

Cobogó

SUMÁRIO

Uma peça para ser lida com os pulmões,
por Marici Salomão   7

A ÁRVORE   15

A árvore: a vida só é possível reinventada,
por Kil Abreu e Rodrigo Nascimento   63

Agradecimentos   71

Uma peça para ser lida com os pulmões

> *O que importa é que, em breve, eu não serei mais uma pessoa. Nem mesmo uma personagem do meu próprio relato.*
>
> Personagem A., de *A árvore*

Há peças que querem ser lidas com os olhos. Outras, com o coração, ou mesmo com o fígado. Bem se sente que *A árvore* é uma peça para ser lida com os pulmões, a partir de um esforço consciente, desejante e ritmado de inspirar e expirar.

Conheci a primeira peça profissional de Silvia Gomez em 2008. *O céu cinco minutos antes da tempestade*, montada no Centro de Pesquisa Teatral (CPT) de Antunes Filho, era de tirar o fôlego e revelava o segundo importante rebento do Círculo de Dramaturgia, reduto de formação de novos dramaturgos que eu havia coordenado de seu início, em 1999, até 2003. Silvia Gomez, que entrou logo em seguida, pertence a essa frutífera geração 2000, que faz jus à força com que mulheres abraçaram a nova dramaturgia no Brasil, estabelecendo uma ponte histórica – ainda que inconsciente ou não programada, por assim dizer – com a "novíssima geração de 69",[1] que incendiou o teatro paulista nos tempos da repressão, com temas libertários e personagens de comportamento pouco convencional. O coletivo de 69 era formado por quatro nomes, três de mulheres: Isabel Câmara, Consuelo de Castro e Leilah Assumpção.[2]

Além de dramaturga, Silvia Gomez é jornalista (uma mineira formada pela Universidade Federal de Minas Gerais), formadora de novos dramaturgos, recentemente à frente da coordenação do Núcleo de Dramaturgia do SESI, e também ministrante de oficinas e cursos livres. Isso é de uma importância ímpar, ter uma formadora mulher compartilhando aprendizados a partir da própria vivência, o que subtrai do domínio masculino uma hegemonia que vingou até meados dos anos 1990 nos redutos de formação em dramaturgia. E trata-se de uma profissional atuante, com montagens bem-sucedidas, prêmios e respeito da crítica e do público.

Em *O céu cinco minutos antes da tempestade*, Gomez dá à luz a personagem Denise, uma jovem "enferma", que em razão do abandono da casa pelo pai e dos fortes psicotrópicos ministrados pela mãe se encontra em franca debilidade físico-emocional. Contudo, como nas peças subsequentes, e revelando a força de um paradoxo, como em toda grande dramaturgia, as personagens, ainda que delirantes e combalidas, são portadoras de uma força descomunal. Gritam suas fraquezas a plenos pulmões. Denise

---

1. Expressão utilizada pelo crítico Décio de Almeida Prado, no antológico livro *O teatro brasileiro moderno*, lançado pela editora Perspectiva, em 1988.

2. O quarto nome foi o de José Vicente – os quatro tiveram peças montadas com grande sucesso de público e crítica em São Paulo.

ordena, exige, vocifera e recusa a sina aparentemente imposta pelos pais. "Ah... Eu podia me levantar e ir embora. Eu podia sair correndo o mais rápido que eu consigo", prenuncia a personagem principal.

Em *Mantenha fora do alcance do bebê* (2015), Mulher 1, diante de uma assistente social, Mulher 2, "exercita" suas dores – em chave poética densa –, carregando explosivos no corpo, em ameaça não só ao mundo externo, tomado literalmente por lobos, mas à própria devastação psíquica disparada pela perda de um bebê.

Também em *Marte, você está aí?* (2017), as personagens Mãe e Filha exacerbam suas diásporas internas, carimbando de veementes pegadas um mundo politicamente convulso. Da mesma matriz de acentuação patológica, nascem as personagens principais de *Neste mundo louco, nesta noite brilhante* (2019): duas mulheres mergulhadas em um universo tão delirante quanto excruciante vivem juntas o impasse de ter que se levantar depois de viver a pior experiência de suas vidas.

Os tabuleiros humanos desenhados com maestria por Silvia nos lançam a lugares abismáticos. Deles, a autora iça mulheres espasmódicas, em franca situação-limite. É o caso da personagem A., deste *A árvore*, produzido entre os anos pandêmicos de 2020 e 2021 e montado como teatro-cinema para ser exibido nas plataformas digitais.

O texto é sobre uma transmutação. Uma metamorfose que surge como que decalcada dos nossos absurdos tempos, em que tudo de que parecemos realmente necessitar é uma urgente mudança de rota civilizacional – em prol do meio ambiente, das relações inter-humanas e políticas, da saúde física e mental das populações.

E o que é o teatro se não o compartilhamento de uma experiência na contramão do que costuma ser inquestionável? Dessa seiva de radicalidade é que se nutre *A árvore*.

Apresentada no início por Atriz, que prepara – por assim dizer – o terreno sobre o qual nós, leitores/espectadores, pisaremos, a peça descreve um ambiente-floresta (na verdade, uma antecipação do final, sobre o qual não se pretende manter segredo. Afinal, o que importa não é criar surpresa ao leitor/espectador, mas conferir suspense a um acontecimento irreversível, de contornos trágicos até – se considerarmos a despedida de um modo de vida que já não serve mais –, e que eclodirá deixando um rastro de acautelamento: é preciso voltar a respirar!). Esse espaço irá se sofisticando na forma de uma poética fantástica e inusitada.

Trata-se, pois, da história de uma mulher que se transforma em árvore. Literalmente. Ao ganhar uma pequena planta de sua vizinha do andar de cima, Sabina ("talvez uma estranha coincidência, que seja o mesmo nome de Maria Sabina, a xamã de Oaxaca"), uma mulher "diferente de tudo – os dedos e cabelos pareciam parte do solo e também do céu", tem início sua transformação. Dois duplos estão formados: uma mulher e outra mulher; uma mulher e uma pequena espécie vegetal. Alteridade necessária para o que parece pretender a autora: em consonância com o *Zeitgeist* (espírito de nossa época), mas indo para além dele, Gomez reverbera um desejo mítico de uma volta à origem. Mas que origem? Talvez a origem de um planeta, se não totalmente idílico, menos destrutivo para todas as espécies que nele (ainda) habitam.

Porvir

Atriz avisa no início que se ouçam apenas sons de floresta, sem que se toque ainda música alguma, pois A. "ainda não está pronta"; ela fará o relato de uma viagem, quer dizer, de sua viagem, aqui se entendendo como jornada para o interior dela mesma, como uma despedida lenta e detalhada de uma antiga e familiar paisagem, mas que já não conforta mais. Não deixa de lembrar as magníficas personagens femininas dos contos e romances de Clarice Lispector, pelo ímpeto com que se colocam diante do desconhecido e pela profundidade dos deslocamentos internos. Narrativas assim tendem a se tornar inesquecíveis, na medida em que o são os acontecimentos que transformam para sempre nossa vida. Não à toa, na apresentação do texto encontramos a epígrafe clariciana: "Talvez desilusão seja o medo de não pertencer mais a um sistema. No entanto, se deveria dizer assim: ele está muito feliz porque finalmente foi desiludido. O que eu era antes não me era bom."

De *A paixão segundo G.H.* passamos para o porvir de A., que à medida que seu relato transcorre dá conta do que "não era bom": vai se despedindo de tudo aos poucos, das ferramentas tecnológicas, de uma caixa de fósforos, do espelho e dos copos e xícaras que vão se quebrando... Como o geógrafo grego Pausânias (séc. II), que relata as ruínas atenienses para os leitores do futuro, A. se posta como relatora e testemunha de sua transformação: "A.: Desculpe, eu chamei de relato de viagem, mas talvez seja o relato de uma viagem de despedida. Não no sentido mórbido, você me conhece. Mas, às vezes, a coisa te encontra e te convoca, e você não tem mais como fingir que não está vendo para continuar ignorando a mudança. É que você precisa se despedir das coisas que davam sentido a sua vida, quando percebe que está abandonando a forma humana. E foi exatamente isso que começou a acontecer com o meu corpo no instante em que aquela planta me agarrou."

O relato que se faz ziguezagueante, com idas e vindas temporais – em um total de 42 partes, além da inicial, "0", apresentada por Atriz –, prevê um *você*, a quem ela se dirige. Um *você leitor/espectador*, um *você ausente daquela casa* (ela própria como lembrança de que um dia foi humana?), mas também um *você-planta*, a mesma planta que se enlaçou nela, ou assim ela percebeu, presente singelo de sua misteriosa vizinha Sabina. É a partir desse agarramento, de uma singela *Mimosa pudica*,[3] que A. quebra a estase e começa a perceber sua inexorável mutação.

Diferentemente de Gregor Samsa, personagem do escritor tcheco Franz Kafka que em *A metamorfose* acorda um dia transmutado num inseto monstruoso, ela não acorda planta, mas vai lenta e sofregamente se transformando em planta. Portanto, Gomez trabalha em um viés processual e de alta densidade poética, adentrando um universo espantoso, povoado de informações históricas e cotidianas, de sensações e percepções. Nas raízes da subjetividade de tal relato, percebe-se também um *você interlocutor futuro*, cúmplice de tal testemunho.

---

3. Como a autora explicará, trata-se de uma espécie vegetal chamada também de *dormideira* ou *sensitiva*, com poderes cicatrizantes e anti-inflamatórios.

Alvéolos

Em determinado momento da peça, abre-se uma fresta de janela: uma intercomunicação entre o mundo particular, individual, da casa, e o universo coletivo, político, da ágora. São os alvéolos da peça dando a pensar na nossa responsabilidade individual de fazer com que o coletivo sobreviva, mas da mesma forma (ou pela mesma fresta), de trazer o coletivo, a humanidade e o ecossistema, para dentro da casa. As trocas aqui poderiam ser pensadas como gasosas ("a ciência prova que as plantas absorvem o dióxido de carbono exalado pelos animais e produzem oxigênio de volta"), mas, antes disso, trata-se de pensar a vida como um grande exercício de política! Somos não só o que pensamos, mas o que fazemos!

Em um dos trechos mais emblemáticos do texto, A. recupera as palavras de um livro: "A casa de uma pessoa não é o refúgio contra os movimentos da História. É na casa que eles vão terminar. As casas não são apenas almofadas e fogões, mas, sim, a história escondida em almofadas e fogões e tubulações – a história das revoluções, da fome, da guerra, dos encontros, da justiça, da injustiça, da tirania, das pestes." O texto de Silvia Gomez mostra que talvez possamos voltar a ter uma função relevante como espécie humana, na medida em que percebemos que não se trata apenas de se reconectar com a natureza, mas de se perceber a própria natureza.

Marici Salomão

Marici Salomão é dramaturga e jornalista. Pós-graduanda na Escola de Comunicações e Artes da Universidade de São Paulo (ECA-USP), coordena o curso de Dramaturgia da SP Escola de Teatro.

A ÁRVORE

de **Silvia Gomez**

O espetáculo *A árvore* estreou às 20h do dia 26 de fevereiro de 2021, na programação on-line do Teatro FAAP, de São Paulo.

Texto
Silvia Gomez

Performance
Alessandra Negrini

Criação e roteirização
Ester Laccava

Direção
Ester Laccava e João Wainer

Direção de produção
Gabriel Fontes Paiva

Participação especial
Gui Calzavara

Cenário
Camila Schimidt

Figurino
Ana Luiza Fay

Trilha sonora
Morris

Desenho de luz
Mirella Brandi

Assistência de direção
Elzemann Neves

Preparação corporal
Ana Paula Lopez

Maquiagem
Beto França

Caracterização
Emi Sato/Tisse Sato

Direção técnica
André Prado

Contrarregragem
Jeferson de Oliveira Santos

Cenotécnica
José Alves da Hora, Patrick Lima dos Santos, Rafael Guirado Neto e Rafael Clemente

Luz
Ari Nagô e Jomo Olaniyan da Silva Faustino

Assessoria de imprensa
M. Fernanda Teixeira (Arteplural)

Artes gráficas
Victor Bittow

Assistência administrativa
Rogério Prudêncio

Produção executiva
Heloisa Andersen

Gestão de projeto
Luana Gorayeb

Realização
Fontes Realizações Artísticas

Produtores associados
Alessandra Negrini e Gabriel Fontes Paiva

Equipe de Filmagem

Direção
João Wainer

Montagem e codireção
Cesar Gananian

Direção de fotografia
Isadora Brant

Assistência de direção
Karine Damiani

Operação de câmera
Giovanna Pontarelli

Assistência de câmera
Felipeh Silva

Coordenação de operações
Frederico Kesselring

Operação de áudio
Uerlem Queiroz

Animações
Marina Quintanilha

Tratamento de cor
Gabriel Ranzani

Produção executiva
Roberto T. Oliveira e Camila Villas Boas

Talvez desilusão seja o medo de não pertencer mais a um sistema. No entanto, se deveria dizer assim: ele está muito feliz porque finalmente foi desiludido. O que eu era antes não me era bom.

A paixão segundo G.H., Clarice Lispector

O futuro precisa tomar para si a metáfora das plantas.

Revolução das plantas, Stefano Mancuso

O amor é e sempre será teu melhor gesto na terra. O único capaz de projetar luz sobre esta precária existência humana.

Uma furtiva lágrima, Nélida Piñon

"O que terá acontecido comigo?", ele pensou. Não era um sonho.

A metamorfose, Franz Kafka

A., uma mulher e seu relato de viagem.

0.

Penumbra, floresta imemorial, a voz de um corpo que não é visto.

ATRIZ: Imagine. Ainda é noite e está escuro. Uma floresta ancestral. Parte dela está inundada, o que é comum nesta época do ano. A água é um espelho.

Alguém pergunta: Quem você vê quando vê o seu rosto?

(Mas você não sabe de onde vem essa voz.)

Árvores magníficas em conversa magnífica com céu, terra, água. O som que isso faz dentro da gente. Poderíamos morar para sempre neste lugar sem CEP, imemorial. Temos pensamentos livres e epifanias sem CEP aqui.

(Nunca aceite uma epifania que chegue apresentando código postal ou números de identificação – é falsa, saiba.)

A música preferida dela toca.

Não.

Não.

Melhor não.

Ela ainda não está pronta.

A música preferida dela não toca ainda, ouvimos apenas o som da floresta.
Ok?
Aí, então, ela começa seu relato.

O som da floresta.

1.

A luz abre gradualmente e revela um ambiente urbano, espaço onde A. ora escreve, ora narra, ora grava, ora vive, ora sente o relato de sua própria e intransferível viagem.

ATRIZ: Gosto de pensar que estou aqui apenas como uma testemunha.

Não importam meu nome, meu código postal ou o fato de que não sou fiel a nenhuma marca de sabonete ou de chiclete; pelo contrário, gosto de me sentir completamente promíscua aos hábitos e aos homens.

O que importa é que, em breve, eu não serei mais uma pessoa. Nem mesmo uma personagem do meu próprio relato.

O lugar de onde escrevo fica ao lado de uma janela.

Às vezes, eu esqueço de abri-la e, então, um tipo de mal-estar, alguma coisa sufocante vai contaminando as palavras que começam a arfar, ou melhor, passam por cima umas das outras, atropelam umas às outras, ofegam como se também sufocassem.

[*ela também ofega, sufocada, até acalmar-se*]

Aí me lembro de que preciso abrir ainda que uma fresta mínima da janela.

Faço isso.

Sempre, imediatamente, antes que qualquer nova molécula de oxigênio tenha tempo de entrar, me sinto em paz.

Com o tempo, entendi.

Isso acontece para me lembrar de que as palavras, assim como nós e como os peixes e como as pedras e como os pássaros e como as montanhas e como os camundongos e como os desertos e como as memórias e como as planícies e como os musgos e como as plantas e como os séculos e como as árvores, também respiram.

E porque respiram estão vivas.

Tudo que sente é importante, eu pensei agora, *XhXX*.
[*olha no relógio e diz a hora*]

Neste meu testemunho para VOCÊ, ou melhor, neste relato, tudo o que arfa e respira e ofega e sente pode entrar, sem distinção.

Apenas passo à frente, com a arrogante esperança de que sirva de carta ao futuro.

Um relato, entre tantos.

Com sorte, relato de amor.

Às vezes, penso que a vida de cada um é nada mais do que isso.

O breve relato de uma viagem.

2.

A.: Vou contar uma coisa, não me julgue, ok?
Talvez você ria ou... Sei lá.
Tá bom.

Estou perdendo minha forma humana, e isso, ao mesmo tempo, me dá taquicardia, mas aí lembro que já aconteceu em outros momentos da literatura e, aparentemente, o mundo sobreviveu e passa bem – "morreu, mas passa bem", adoro esse meme –, ao espanto de ver um homem acordando certa manhã sob a forma de um inseto, a uma criança sem o controle de suas metamorfoses em animais variados para agradar aos outros, a uma população inteira transformada em um bando de rinocerontes, a uma mulher que parecia passiva por fora, mas por dentro, não.

Por dentro, era uma árvore, um incêndio.

A árvore.

3.

Agora vemos A. parada em frente a uma estante com plantas. Sua posição é desconfortável e cômica – como se o cabelo, ou um fio dele, estivesse preso a uma das plantas, no alto do móvel.

A.: Vou te contar sobre o instante que mudou tudo, o segundo em que uma planta, uma plantinha de nome científico *Mimosa pudica* me agarrou enquanto eu limpava a estante.

Na verdade, acho que isso pode me dar um pouco de torcicolo ou jeito na coluna, mas tudo bem, porque foi assim que aconteceu – eu estava limpando a estante do jeito que todo mundo limpa estantes.

Assim. Mais ou menos assim, a posição. E aí, quando movi a cabeça para trás, deste jeito, algo me segurou. Eu levei um tempo para entender – na verdade, 27 segundos, até perceber que estava presa à mimosa

e pudica por um fio de cabelo. Eu podia ter me soltado facilmente, mas achei aquilo extraordinário. Talvez porque eu estivesse há muitos dias me sentindo mal, talvez porque estivéssemos no meio de um acontecimento sem precedentes na história da humanidade, talvez porque VOCÊ...
Ah...
A vida é um tipo de milagre, não é? É o maior clichê, mas agora acho que ficamos liberados para dizer clichês em voz alta, quer dizer, não é por acaso que um clichê se torna um clichê, tem uma razão de ser, por isso...
Desde que aconteceu...
É...
Desde que VOCÊ.
Não posso mais ouvir a sua música, ok? Não sei se vai dar de novo, talvez nunca mais.
[*ela estremece, sente algo no corpo e se recupera*]
(Bom, chega disso, basta, pense em memes, vídeos de cachorrinhos na internet, concentre-se no relato.)
Fato é que eu estava ali e a mimosa e pudica me agarrou, como alguém que te agarra pela gola para esfregar umas verdades no seu nariz e...
Ah, não ria, por favor, mas desde então...
Desde então, eu comecei a pensar nela como uma pessoa, ou melhor, não penso mais em mim como uma pessoa, mas nela como uma pessoa, quer dizer, que confuso, não sei se estou presa a ela há 20 segundos ou 2020 anos.
Desde então, passei a imaginar o que ela desejava comunicar.
E também tenho me perguntado o que isso tudo quer dizer e também dei um jeito na coluna, pois é como desenterrar uma cidade inteira – ou civilização, mas, no caso, a cidade sou eu mesma, assim como a civilização, claro.

Já pensei em outros séculos para ter vivido, mas acho que este aqui parece o menos terrível. Na verdade, não sei. Ah, e também nunca mais dormi, tentando decifrar o que precisamos aprender – o que ela quer dizer que precisamos aprender.

Quase posso ouvi-la.

[*silêncio. Ela tenta ouvir a planta, em vão*]

Foi quando comecei a registrar este relato para VOCÊ.

Quando algo começou a acontecer.

4.

A. desfaz sua posição diante da planta.

A.: Meu pequeno pássaro.

Sei que VOCÊ odeia que eu te chame dessas coisas, esses apelidinhos cheios de glicose, leite condensado, gordura hidrogenada, glúten, que delícia, mas eu não resisto, acho cafona também, mas não consigo evitar isso de pensar em você como aquele pequeno peixe ou pássaro ou baleia ou som ou galáxia ou palavra ou silêncio ou segredo ou promessa. A viagem mais extraordinária na companhia mais extraordinária.

Não sei aonde isso vai dar, mas preciso explicar tudo antes que eu não consiga mais escrever ou gravar ou falar ou me mover, porque estou seguindo rumo a isso de forma vertiginosa.

É quase delicioso, isso é fato. Saiba. Puro leite condensado pela primeira vez nas papilas.

Ela estremece por um instante e se recupera.

5.

A.: Dia 1.

Percebo um bilhete sob minha porta: ap. 141, CEP 37326.

"Cara vizinha. Espero que esteja bem. Sei que não são tempos fáceis para ninguém. Para muitos, menos ainda. Sou sozinha e não tenho a quem recorrer. Não desejo incomodar, mas me coloco à disposição para qualquer ajuda. Em troca, apenas peço que regue minhas plantas, caso o barulho no meu apartamento cesse. Confio em você. Está aqui a chave. Assinado: a vizinha do 151. Meu nome é Sabina."

6.

A.: Dia 3, 14h.

Desde que isso começou, tenho lido tudo, desejado tudo, livros, países inteiros, bolos, papilas, todo tipo de molécula, como se não tivesse mais tempo. Li hoje que um dos primeiros relatos de viagem de que se tem notícia é do geógrafo grego Pausânias, uma testemunha do século II, ou melhor, o primeiro blogueiro de viagem, ou melhor, eu certamente seguiria o @pausanias para ver suas fotos magníficas de ruínas – sim, ruínas. As ruínas que ele descreveu do alto do berço da democracia, Atenas, Grécia.

[*imagens das ruínas de Atenas*]

Sabe, eu gostaria de acreditar que não somos testemunhas, como Pausânias, de uma paisagem em ruínas.

Mas, talvez, seja justamente isso.

7.

A.: Dia 3, 16h45.

Alguém disse que narrar é um testemunho de amor. Acho que aquela planta me amava quando quis me dizer alguma coisa. Acho que Pausânias nos amava quando pensava em nós, aqui no futuro, como se dissesse: "Guardei esta paisagem para você, mesmo que ela tenha sido destruída. Receba o meu presente: é assim que vivíamos, é assim que sentíamos."

Hoje, pensei de novo em VOCÊ, depois de ler outra coisa, meu pequeno segredo, a história da poeta russa Anna Akhmátova, que, nos dias gelados sob Stálin, passou meses esperando por notícias de seu filho e marido junto a outras mulheres do lado de fora da prisão, todas geladas e aterrorizadas. Até que um dia, uma delas, com os lábios roxos de frio, a reconheceu e sussurrou: "Você pode escrever sobre isto?"

"Sim", ela também sussurrou.

SIM, eu escrevo aqui.

Estou escrevendo para VOCÊ.

Para que se saiba

que isto

de fato

aconteceu.

8.

A.: Dia 3, 16h58.

Desculpe, eu chamei de relato de viagem, mas talvez seja o relato de uma viagem de despedida. Não no sentido mórbido, você me conhece. Mas, às vezes, a coisa te encontra e te convoca, e você não tem mais como fingir que não está vendo para continuar ignorando a mudança.

É que você precisa se despedir das coisas que davam sentido a sua vida, quando percebe que está abandonando a forma humana. E foi exatamente isso que começou a acontecer com o meu corpo no instante em que aquela planta me agarrou.

[*ela para e sente algo no corpo, a transformação progressiva*]

Ah...

Tem sido como... Vai e volta. Às vezes fica forte demais, um tipo de enchente, quer dizer, o rumor de uma enchente dentro das veias e depois... Silêncio. Até começar tudo de novo.

Ah... Agora por exemplo, ahh...

O som de uma enchente dentro das veias.

9.

A.: Dia 2.

Manhã seguinte ao bilhete sob a porta.

O barulho nos canos de PVC do apartamento da vizinha parou. Eu sabia que precisava subir, mas eu mal a conhecia e, para falar a verdade, tive medo, talvez por adivinhar como

aquela visita

àquele apartamento

no meio disto tudo

mudaria as coisas

para sempre

transformando a minha vida em um lugar para o qual eu

jamais
poderia
voltar.

10.

A.: Dia 6.

Meu pequeno lobo, começo a ter compreensões que não sei de onde surgem.

Hoje entendi que as plantas não são passivas, pelo contrário.

Não é porque não se deslocam como nós, animais, que não estejam em pleno movimento.

Nós aprendemos a fugir das ameaças. Correr, sair andando, migrar, nos evadir, escapar, dar as costas ao problema, tomar um carro e sair rodovia afora, não importa para onde, parando de vez em quando para comer um frango assado ou salgadinhos sintéticos.

Mas elas, não.

As plantas escolheram ficar paradas, enraizadas, presas à terra.

Mas não limitadas.

Nós não as compreendemos porque só entendemos o que se parece conosco.

[*ela estremece, sente a transformação no corpo por um instante*]

Ah... De novo. O rumor.

[*recupera-se*]

Aquele dia, eu corri, saí andando, migrei, me evadi, escapei, dei as costas, tomei um carro sem rumo em rodovias sem nome.

Espero que possa me perdoar.

11.

Algo de iminência.

A.: Dia 2, 10h37.
Eu não estava preparada para o apartamento de Sabina. No hall de entrada, um quadro com um texto escrito por ela:
[*projeção*]
"Infiltrar-se
Como raízes
Agentes
Secretas
Penetrar
Como espiãs
Imiscuir-se
Espalhar-se
Perder-se de vista
Adentrar sem fim
Terroristas sem terror."
Não sei nada sobre ela e nunca procurei saber, exceto pelo nome. É curioso, talvez uma estranha coincidência, que seja o mesmo de Maria Sabina, a xamã de Oaxaca, no México, igualmente terrorista sem terror – penso, paralisada no hall. Tenho lido sobre ela. Tenho lido sobre tudo, eu já disse. Queria ter conhecido aquela mulher. Esses dias me fazem querer ser outra pessoa, completamente diferente, começar tudo de novo, nascer em outro país, comer outro país, acordar em outro corpo ou forma, comer outro corpo ou forma.
Não consigo ir adiante.
Mentira, consigo, sim, sou até bem corajosa.
Abro a porta.

12.

A.: Dia 4, madrugada.

Por alguma razão, fiquei obcecada por uma imagem e hoje descobri que se trata da ruína de um templo no Camboja.

Uma igreja à anarquia.

Faço uma busca e leio que apareceu em um filme, a cena em que Angelina Jolie caminha, heroína, as pernas longas e imperialistas por entre as ruínas magníficas tomadas por raízes monstruosas de figueiras ancestrais gigantescas.

[*música. Ela observa a foto das ruínas de Ta Prohm*]

Parece bom ser completamente tomada desse modo, uma espécie de amor descomunal, mas hoje nada mudou – nenhum rumor sequer. Quase posso sentir falta dele, porque é quente e bom e preenche tudo o que falta, mas hoje não senti absolutamente nada. Sou apenas uma mulher comum consultando o Google em busca de ruínas.

13.

A.: Dia 2, 10h41.

Eu não poderia descrever aquilo como um apartamento.

Eu precisaria de outras palavras, que na verdade não existem. Quer dizer, tudo é tomado por plantas, raízes, folhas, caules, troncos, copas por onde a luz do sol é filtrada, rizomas, bulbos, estruturas vegetais parecidas com veias humanas, mas gigantescas, ou de um gigante.

As raízes das plantas do apartamento de Sabina me fazem pensar nas veias de Golias e em Davi, de Michelangelo, não me pergunte por quê, meu pequeno futuro.

Tropeço em algo e me abaixo. Encontro uma planta pequena em um vaso, com outro bilhete: "Obrigada por vir. Depois de regar as plantas, aceite esta como presente."

14.

A.: Dia 5, 6h33.
Minha pequena concha. Nossa, desculpe te chamar de concha, talvez tenha soado estranho, adocicado demais, perdão, não ria, posso explicar, alguém disse que as conchas guardam o som de todas as eras e eu não resisti, quer dizer, gosto de pensar que mesmo que apaguem tudo o que fizemos, escrevemos, dissemos, esta voz, este relato, estará a salvo – ainda que dentro de uma concha, no fundo, perdida, a ser descoberta.
Li que Anna Akhmátova precisou queimar seus poemas. Ou melhor, prefiro imaginar: guardou-os dentro de uma concha, lançada ao mar.
[*ela sente o rumor da transformação no corpo*]
Ah...
Ontem foi um dia tão calmo, mas hoje... Ah...
Como descrever?
[*ela se recupera, recomeça*]
Hoje quebrei uma xícara.
Tenho espatifado tudo, mas não é de propósito.
Não ficou inteiramente quebrada, apenas a asa. Eu a coloquei sobre a mesa, como um troféu.

A casa de uma pessoa não é o refúgio contra os movimentos da História. É na casa que eles vão terminar. As casas não são apenas almofadas e fogões, mas, sim, a História escondida em almofadas e fogões e tubulações – a história das revoluções, da fome, da guerra, dos encontros, da justiça, da injustiça, da tirania, das pestes.

Eu li isso em um livro magnífico e assim reescrevo, pois não queria esquecer.

Por isso, eu coloquei a xícara quebrada sobre a mesa – para me lembrar de que, mesmo quebrada, ainda serve a algum propósito.

Estar quebrada é também o seu próprio relato.

15.

A.: Com tantas espécies desconhecidas e loucas naquele apartamento, não é estranho que a vizinha tenha me dado justamente a mais comum? A *Mimosa pudica* é vendida em qualquer supermercado, todos podemos nos lembrar de, um dia, ter perturbado, por mera curiosidade, suas folhas sensíveis, que se fecham ao menor toque.

Uma planta com medo do mundo. Quer dizer, eu acho que entendo sua impossibilidade de confiar nos outros.

Reguei as outras e levei a desconfiada para casa, que acomodei na prateleira mais alta da estante. Com os dias, o som da água nos canos de PVC voltou. Fiquei feliz de pensar que não teria de pisar de novo no apartamento de Sabina, mas comecei a sonhar com ele. O mais estranho é que eu não sonhava há muitos anos, ou, pelo menos, não lembrava que sonhava, mas agora sonhava de novo.

E então, logo depois, aconteceu, como eu já disse. Dia 2, fim de tarde. Ela me agarrou.

[*ela fica presa à planta, na mesma posição em que a vimos no início*]

Claro que não fiquei ali para sempre.

Depois de 20 segundos, ou 2020 anos, me desvencilhei.

Mas já não era mais a mesma.

Aquele gesto, aquela planta não se desvencilharam de mim.

E então começou.

Agora já não posso parar o rumor o processo a enchente a viagem o relato o que quer que isso signifique.

Ela sente nova transformação no corpo.

16.

A.: Dia 5, 13h12.
Preciso descrever a pele. É como se os poros, não sei, a superfície ficou opaca, e, além de opaca, pode-se ver que surgem ranhuras e, ainda, aos poucos, certa rigidez. Coisas nascem também. Eu comecei a ter um pouco de aversão, quer dizer, aversão a mim mesma, mas, então, ao mesmo tempo, gostei. Não é estranho ter aversão e no minuto seguinte gostar do que se começa a assistir? Ou seja, alguma coisa acontecendo diante de seus olhos, e você não tem como contar a ninguém, porque ninguém acreditaria, nem você acreditaria, não é? Parece terrível e ao mesmo tempo maravilhoso, grandes e compridas ranhuras desenhando rasgando sulcando sua pele a olhos vistos,

a pele se tornando alguma coisa a mais, uma camada, uma fronteira a mais entre você e o mundo.

Hoje eu interfonei para o apartamento de Sabina, mas ninguém atendeu.

"Você sabe o que está acontecendo?", eu perguntaria, se ela tivesse atendido.

[*sente novo rumor, uma onda progressiva*]

Ah, que maravilha, quem não deseja às vezes estar a salvo por um instante deste mundo louco, uau, posso sentir crescendo enquanto escrevo, nossa, eu poderia me esconder para sempre atrás disso...

(Ah!

Sabina!

Sabina!

Você sabe?

Você sabe o que está acontecendo?

Ah!

Sabina!)

17.

A.: Dia 8, 5h22.

Meu pequeno microclima,

(olha esse nome que eu te dei agora)

um instante de absoluta calma.

Nenhum rumor sob as veias.

A sua música, eu me lembrei dela. Quase tive coragem de cantar.

Percebo que não desejo mais nada além de água, umidade, sol, terra, animais polinizadores

e o seu rosto.

Ela cantarola a melodia da música "Cariñito", de Lila Downs.

18.

A.: Por alguma razão, eu entendi profundamente o apartamento de Sabina. Foi lá que comecei a me transformar e, por isso, a me despedir – me despedir das coisas que me identificavam como indivíduo, in-di-ví-du-A.

Eu já disse – isto aqui não deixa de ser um relato de lúcida despedida, das menores às maiores coisas. Por exemplo, sorvete. "Você não pode comprar felicidade, mas pode comprar sorvete, praticamente a mesma coisa", alguém disse.

Começou com o sorvete.

Depois Coca-Cola, mas Coca-Cola *normal* e bem gelada, e depois aquelas cartelas de tinta látex. É. Não ria, você sabe, nossa, você sabe como eu amava ainda que apenas folhear aquelas cartelas e ler as promessas de felicidade contidas nas cores e nos nomes inventados por algum estagiário de marketing, sei lá: marrom-chocolate-coffee, vermelho-sangria, rosa-cartagena, bege--manteiga, amarelo-serene, verde-menta...

E tem aquela chamada Cosmos.

Um azul profundo tomado por pontos de luz.

Música. A imagem do cosmos.

19.

A.: Querido escultor,

(Nossa, veja como te chamei agora, ao pensar em seu corpo e suas mãos e as veias de suas magníficas mãos.)

Leio que Michelangelo levou três anos para terminar seu Davi, em 1504. Enquanto os portugueses se esparramavam pelo Brasil, ele se escondia para esculpir o bloco monstruoso de mármore de 5 metros de altura. Na foto, me impressionam as veias saltadas, a tensão de Davi, segundos antes de enfrentar Golias, o impossível.

Acho que foi assim que me senti naquele dia em que você...

[*novo rumor*]

(Ah...

Ah, como seria bom afundar adentrar sedimentar esquecer.

Ah!)

O rumor aumenta e ela não consegue terminar a fala.

20.

A.: Dia 8, 11h13.

Hoje quebrei o espelho, mas não foi de propósito, eu juro.

De qualquer forma, não fazia mais sentido. Achei melhor ficar sem a possibilidade de ver o que estava acontecendo.

Minha decepção com a humanidade reside no fato de que nunca abandonamos a habilidade de sufocar, linchar, dominar, aniquilar. Apenas vamos mudando os meios de provocar ruínas.

Eu mesma perdi a conta das que causei.

"Mas também construímos", você diria. Na verdade, posso ver você dizendo isso com as mãos de veias magníficas como raízes entrando

entrando
entrando
entrando meu corpo assim por diante.
[*novo estremecimento*]
Ah, isso vai e volta.
"Sim, você tem razão", eu responderia, "também podemos construir".
S-I-M.
Talvez a palavra mais importante que conheci. Apenas três letras e imensas possibilidades.

21.

A.: Dia 5, meio-dia.

Escrevi a um grande amigo, o único com quem teria coragem de partilhar o que se passa comigo. Tentei dizer: "Tem alguma coisa acontecendo." Ele respondeu com dois emojis, mais especificamente um coração verde e uma daquelas caras de perplexidade, tipo *O grito*, de Munch. Eu acho que teria feito o mesmo. O WhatsApp acabou com a humanidade, pelo menos com a minha. Dele me despedi sem pesar algum.

22.

A.: Dia 5, três da tarde.

Hoje li a notícia de que três homens foram resgatados por um helicóptero de uma pequena e deserta ilha no Pacífico, depois de escreverem na areia "SOS". Quando saíram do atol onde viviam, não imaginavam que ficariam sem combustível e com o barco à deriva.

Me pergunto quantos lugares ainda existem sem a presença humana.

Fiquei obcecada por aquele programa, *Largados e pelados*. Ontem me despedi dele também, mas finalmente entendi por que perdi tanto tempo. Sempre que algum participante consegue fazer fogo em meio às condições mais inóspitas, é como presenciar de novo uma das maiores conquistas da humanidade.

Ancestral e ao mesmo tempo inédito milagre.

Alguém sempre chora, alguém sempre ri, muitas vezes tem um abraço longo e desesperado.

Estou rumando à deriva, em direção àquela ilha, mas agora eu a desejo.

Às vezes, ainda não sei como, consigo controlar a transformação.

(Por exemplo, agora.)

Ela sente novo e prazeroso rumor.

23.

A.: Dia 8, 20h32.

Eu já disse que ando quebrando tudo?

Não é de propósito, mas, sim, minhas mãos não parecem mais segurar os objetos e hoje me cortei, um corte profundo, quando a faca simplesmente caiu sobre um dos pés. Fiquei *assustada* quando percebi que não fiquei *assustada*, ou sequer me incomodei com a dor, ou sequer me preocupei em estancar a seiva, quer dizer, o sangue.

Apenas observei e, enquanto observava, entendi.

Não compreendo mais a palavra *indivíduo*.

Penso nela como um amontoado de letras inúteis.
Para os animais, dividir muitas vezes significa destruir, mas para uma planta dividir é multiplicar, brotar em outro lugar, nascer em outra parte, viver em colônia. Para uma planta, morrer é nascer de outro modo.

24.

A.: Dia 9, 6h20.

Hoje precisei me despedir de uma caixa de fósforos. Eu sei, não ria, é patético, mas tenho paixão por caixas de fósforos, uma coisinha tão banal vendida em supermercados e ao mesmo tempo a lembrança de uma das maiores conquistas da humanidade. Eu já disse, se você assiste a *Largados e pelados*, então entende o valor de uma simples caixa de fósforos encontrada na prateleira de um supermercado, e também me lembrei novamente de você quando li que, pela primeira vez, em décadas, no sudeste do Alasca, foi possível ouvir a voz das baleias sem a perturbação dos imensos navios cheios de turistas mastigando coisas crocantes, pela primeira vez, em décadas, aquele oceano gelado ficou finalmente silencioso.

Senti um amor descomunal quando li:

"Então os cientistas jogaram um microfone nas águas geladas. E foi possível ouvir."

O som das baleias no Alasca.

25.

A.: Dia 8, 20h47.

Fiz um curativo sobre o corte no pé. Não sei se foi o Band-Aid, quer dizer, ver em uma caixa aquele logo conhecido com o escrito "Band-Aid", não sei, foi como *voltar*.

Sim, tento resistir, não quero afundar tanto sem antes me despedir direito.

Este relato ainda não está pronto.

Tento me apegar de novo às coisas, Band-Aid, Coca--Cola, Red Hot Chili Peppers.

Coloco Red Hot Chili Peppers para tocar, tomo Coca--Cola, que invenção magnífica, Red Hot Chili Peppers ou Cola-Cola, não sei, as duas coisas, Band-Aid também, tomo Coca-Cola, mas vomito, vomito Red Hot Chili Peppers, depois Coca-Cola, vomito Band-Aid, interfono novamente para o apartamento de Sabina.

Ela agora atende.

[*ela se exalta, pode gritar*]

(Sabina? Você sabe o que está acontecendo? Eu sei que você sabe. Aconteceu com você também, não foi? Sabina? Quem é você? Eu sei que você sabe. É maravilhoso, não é? Por que não nos sentimos assim, por que não pode ser sempre assim para todos? Pode me dizer como termina? Sabina, por favor...)

Não consigo continuar, deixo o interfone cair e ele se espatifa na parede.

Estou incomunicável.

Cresce música (referência a Red Hot Chili Peppers), enquanto ela resiste a uma nova onda de transformação.

26.

Batidas na porta do apartamento.

A.: Dia 8, 21h.

Batem na porta. Acho que era Sabina, mas não tive coragem de abrir. Na verdade, não desejava que isto fosse interrompido.

Esta sensação de tudo, de sentir com tudo, de ser tudo, de amar tudo.

[*ela sente novo rumor de transformação magnífica. As batidas continuam*]

27.

A.: Dia 7.

As imagens começam a parecer genéricas.

Tenho outra súbita compreensão.

Preciso reaprender a olhar.

Agora sei que, por anos, eu também não soube olhar, mas agora olho, e olhar é medir a intensidade e a cor da luz, buscar a fonte de luz e sentir a luz como um corpo que pode ser tocado.

Penso em você e consigo, mas logo sinto outro rumor.

[*ela estremece*]

Eles estão mais frequentes, não sei no que isso vai dar, fico feliz de não ter mais espelho e não poder ver o que está acontecendo, não sei o que está acontecendo, mas sinto – a cada dia tudo sente mais.

Impulsos elétricos sistemas moléculas o subsolo é mais desconhecido que o mar

tudo brota
mais desconhecido do que qualquer planeta desconhecido
tudo nasce
mais desconhecido do que eu do que você.

28.

A.: Dia 9, 8h07.
Tente acreditar em mim, pequena galáxia.
A sensação é de afundar.
Vertical.
As raízes são essa formação misteriosa.
Vertical.
Depois, torna-se horizontal.

Mas não limitado, pelo contrário, é como espalhar-se infinitamente, de ponta a ponta, uma frente que avança em minúsculas formações que pensam sentem sabem que direção tomar, e você de repente não é mais uma coisa só, você se torna horizontal e coletivo, e ninguém pode te parar, pois seus limites se perdem por dentro dela – por dentro da terra –, e ninguém pode nomear ou dar números, podem-se atravessar fronteiras e países sem que ninguém perceba, pois você avança sob seus pés enquanto eles conversam tomam café acenam perguntam e não poderão te deter ou pedir passaportes ou vistos ou números de identificação ou códigos postais se você não é mais você, se você agora é alguma coisa que eles
felizmente
não compreendem.

29.

A.: Dia 10, 14h07.

Meus olhos não veem mais da mesma forma, mas ainda assim tenho a impressão de que as raízes do apartamento de Sabina começam a tomar o meu teto.

Não sei, posso estar enganada.

É, acho que estou.

Estou enganada.

30.

A.: Meu magnífico xamã.

Talvez eu tenha perdido a conta dos dias, mas anotei uma coisa para você.

Maria Sabina, a xamã de Oaxaca, disse:

"A sabedoria é a linguagem. A linguagem faz com que os moribundos voltem à vida."

Não sei para que tipo de vida estou caminhando. Ou linguagem.

Mas é vida ainda.

Na verdade, maior.

Há raízes entrando sob a porta.

Não sei, posso estar enganada.

Li que *shamã* é o nome de uma árvore nas estepes da Sibéria, ao norte da Mongólia.

Há raízes entrando pela fechadura.

Um tipo de árvore siberiana com raízes muito profundas.

Entrando pelas frestas laterais também.

Não sei, posso estar enganada.

Uma árvore com raízes muito profundas, impossíveis de arrancar.

Pelas janelas também, eu já disse.

Não sei, não pode ser.

Quando tentam cortar as raízes da *shamã*, elas voltam a crescer, e quando antigamente alguém dizia "você é como uma *shamã*", na verdade queria dizer: "Você é como esta árvore no fundo no fundo no fundo da terra."

E também pelas rachaduras.

Não sei, não pode ser, devo estar enganada.

Acho que ouvi sua música tocando no apartamento de Sabina.

No fundo, avançando.

É, acho que estou.

Estou enganada.

31.

A.: Dia 11, 15h57.

Comecei a esquecer as palavras. Olho para as coisas e sei o que significam, o que querem dizer, o que foram um dia, o que serão no futuro, a que horas dormem, a posição sexual preferida, o número do sapato, mas...

Sei para que servem, mas não me importa mais.

Isso no teto são raízes?

Bebo água na xícara quebrada.

Acho que são raízes no teto.

Lavo louça, quebro outras coisas, a pia está entupida, acho que são raízes, acho que elas se movem, me lembro dos movimentos, mas às vezes não desejo chegar ao fim deles, é, parecem raízes. Sim. Não. Acho que não.

Ela sente nova transformação no corpo, estremece.

32.

Som de batidas na porta.

A.: Dia 12, 9h.
Alguém bate na porta.
Sei que é Sabina, posso sentir o cheiro de suas unhas cheias de terra e musgo e húmus e pólen e água e sol e luz e
sei que ela sabe que eu sei que ela sabe que eu não quero abrir.

33.

A.: Dia 12, 13h27.
Sim, as raízes do apartamento de Sabina começam a tomar a minha casa, não há dúvida de que são raízes e que vêm daquele lugar, daquela casa, daquela mulher. Não sei por onde elas conseguiram entrar, talvez tenham descido pelo elevador ou se enfiado nos canos de PVC ou se esgueirado pela janela ou rompido a laje, por que não?
Não duvido de que tenham força para superar o concreto.
Agora conheço essa força em meu próprio corpo.

34.

Imagens variadas de raízes que romperam o solo de asfaltos e calçadas. Iminências. Ela sente o corpo em crescente rumor magnífico.

A.: Dia 12, 23h59.
Hoje comecei a sentir uma força descomunal.
Não sei se consigo descrevê-la, pois não é o tipo de força que conhecemos, mas uma fúria silenciosa e lenta, subterrânea. Tenho a impressão de que eu seria capaz de romper até a rocha mais sólida, por exemplo, explodir, por dentro, ao longo de cinco séculos, a pedra monstruosa de 5 metros de altura de Davi, de Michelangelo. Não, claro que eu não profanaria tal patrimônio do que chamamos de humanidade europeia, mas, sim, eu seria capaz, quer dizer, se me metessem dentro de Davi, eu seria capaz de transformá-lo em um amontoado de pedaços disformes, um apanhado louco de ruínas e pausânias...
Não, claro que eu não faria isso, mas penso, quer dizer, penso que posso, quer dizer, tenho certeza de que posso me dividir e me expandir
como células como poros como fissuras como pontas em contínua lenta progressiva expansão exercendo uma pressão vagarosa de aparência inofensiva e mansa e frágil e por isso mesmo desprezada,
mas,
quando menos esperassem,
eu teria rompido seus asfaltos calçadas granitos concretos monumentos erguidos em nome desta que chamam
ci-vi-li-za-ção.
[*ela grita sob novo rumor e, agora, súbita força*]
Ah!

35.

A.: Dia 11, 17h.

Hoje entendi que as árvores também gritam, principalmente quando estão com sede.

Não a voz como conhecemos, mas uma vibração, uma frequência.

Eu já consigo ouvir, pois logo estarei na zona do silêncio, posso sentir.

No México, de Maria Sabina, pequeno pássaro, li que há um deserto conhecido como Zona do Silêncio, onde um estranho fenômeno faz desaparecer qualquer frequência de transmissão.

Acho que as raízes bloquearam a porta de saída, é, acho que sim, mas não tenho coragem de chegar perto para ver. Sei que Sabina sabe, sinto sua presença. Por que não resisto a ela ou a essas raízes, por que não fujo enquanto sei que posso?

É, acho que sim.

Já parece impossível sair.

36.

A.: Dia 12.

As raízes me cercaram completamente. Estou agora dentro de um círculo. Tentei saltar, mas alguma coisa nova... Uma espécie de imobilidade, sim, já parece impossível saltar ou dar um passo maior ou mesmo me arrastar por aí, estou tentando resistir, claro, claro que estou, tento acordar os músculos, não, ou melhor, eles estão acordados, não é que não estejam acordados, tudo está acordado.

[*ela fala enquanto sente o rumor magnífico no corpo e tenta resistir a ele*]
Nunca tudo esteve tão acordado.
Tudo acorda e sente.
(Basta, eu não sei se consigo tanto.)
O corpo humano não sabe o que é estar acordado como agora.
Meus pés e dedos e ossos parecem uma coisa só, já não posso distinguir, completamente acordados.
(Basta, meu Deus, tudo está acordado demais.)

37.

A.: Dia 7.
Não quero me despedir da música.
Na verdade, compreendo que não preciso.
Sabina tem ouvido a música, eu sei, ela faz de propósito, ainda consigo ouvir ao longe.
Não quero me despedir dela.
Como viver sem a sua música? Seria como esquecer-me de você, e isso eu recuso. Talvez eu já tenha coragem de ouvi-la de novo, quer dizer, plenamente.
[*ela cantarola novamente "Cariñito"*]
Quer dizer, não sei.

Ela se coloca na mesma posição do início, com o cabelo, ou um fio dele, preso à planta na estante.

38.

Ela sofre progressiva transformação.

A.: Dia 11, 22h23.
Como despedir-se do movimento? Não sei se desejo, ahhh, mas não tenho como evitar a imobilidade, que palavra grande, *imobilidade*, vou precisar me despedir do movimento, ahhh, lembra quando eu comprei a bicicleta e disseram que eu era muito velha para isso? Pois eu pensei justamente o contrário – ainda tenho joelhos e articulações, tendões. Eu a amava, aquilo era viajar, mas não viagem de despedida – "viagem de ventania". Ahhh. Estar em movimento é um privilégio do tempo e da vida, como posso me despedir disso e ao mesmo tempo desejar me despedir disso que chamam mover-se, ahhh, mas agora compreendo profundamente que o movimento pode ser outra coisa, o movimento acontece dentro, siiiiim, o movimento não é externo, nunca foi, o movimento é dentro
ven-ta-ni-a.

39.

Mudança de tom, como na cena 0.

ATRIZ: Se ela soubesse disso naquele dia em que te perdeu, não teria corrido, sequer andado, muito menos dado as costas. Ela teria ficado parada.
Enraizada.
Mas ela se moveu, como fazem os animais, ela fugiu.
E aí, quando chegou ao prédio onde se passa esta

história, ela encontrou essa mulher no elevador. Agora fica evidente que essa mulher era Sabina, pois era diferente de tudo – os dedos e cabelos pareciam parte do solo e também do céu. Sabina a abraçou profundamente sem dizer nada.

Ela sentiu o seguinte: era como ser abraçada por uma Montanha.

Ou Baleia.

Ou Lobo.

Ou Cordilheira.

Ou Galáxia.

Ou Árvore.

Ela desceu no seu andar e nunca mais saiu, a não ser pelo dia em que esteve naquele apartamento, de Sabina, onde sua transformação começou.

E também este relato.

40.

A.: Dia 11, 22h32.

Acho que as raízes chegaram ao meu quarto, bloquearam os canos, mas são também meus pés e minhas mãos, não é estranho? Não sei como descrever. Sobreviver em ambientes desérticos requer habilidades incomuns, mas agora eu as tenho. O medo, acho que o perdi depois que te perdi.

[*ela sente nova onda de transformação*]

Eu disse "te perdi", não queria dizer "te perdi", não queria te perder, não sei por que usei esse verbo, não gosto mais dos verbos das palavras das vírgulas dos pontos ahhh desejo a liberdade agora que pude olhar bem dentro dos olhos dela são todos tirânicos a língua

é tirânica a língua as papilas glicose leite condensado as pessoas são tirânicas mesmo a pessoa mais engraçadinha e doce e cheia de glicose e boas intenções na primeira oportunidade coloca os dentes para fora como é que um estagiário de marketing pode resumir a grandeza de uma cor a um nome ou como Coca-Cola pode definir prazer ou como é que um supermercado pode vender a promessa de fogo em caixinhas não desejo mais a língua a fala as papilas não desejo mais as pessoas não quero mais usar palavras como *perder* não gosto mais do que elas podem significar do que elas podem sugerir ou lembrar tudo é perder talvez seja melhor morar na zona do silêncio ou no puro silêncio que agora sei que não é mais silêncio o silêncio pode ser outra coisa o movimento pode ser outra coisa não entendemos porque só entendemos o que se parece conosco.
[*ela grita*]
(Ahhh.
Sabina!
Você sabe se isso termina?
Sabina, é tão grande e cheio de amor que mal posso suportar!
Ah!)

41.

A.: Dia 12, manhã.
As raízes do apartamento de Sabina romperam vigas e pilares, entraram por baixo das portas, encontraram todas as frestas.
Não tenho mais como sair.

Talvez eu consiga colocar a música amanhã. Não sei. Preciso me despedir também dela, não posso me despedir dela.

Vejo um bilhete sob a porta, mas não tenho coragem de abri-lo.

Ela cantarola a melodia de "Cariñito".

42.

A., parada na mesma posição inicial, presa à planta, mas agora em silêncio, a olha profundamente, por um tempo.

A.: Dia 12, antes de escurecer.
É importante que eu escreva isto, antes que termine. Saiba.
Enquanto estive ligada a ela, à planta, naqueles segundos ou milênios, não sei, senti um amor tão grande por este tempo por este lugar por você este planeta um amor uma liberdade que eu nunca tinha sentido antes
estive em montanhas paredões de pedra vales cânions planícies florestas desertos rostos florestas papilas perguntas.
[*dirige-se à planta*]
Ei, vamos, me diga. Por favor.
[*mudança de tom*]

ATRIZ: Ela nunca respondeu, obviamente. Era uma planta.
Mas, enquanto esteve ligada a ela, conheceu as moléculas, as células, os átomos, as veias de uma per-

gunta, talvez o único motivo para a existência deste relato:

por que esquecemos o amor por esta casa?

Imagens do planeta Terra tomadas por música cósmica.

43.

Batidas na porta. Ouve-se a música "Cariñito", que nasce aos poucos e vai ganhando corpo até o fim desta cena.

A.: Dia 12, escurece.

Seu rosto magnífico é a minha penúltima despedida.

Na casa de Sabina, toca a sua música, sim, bem alto, suas raízes e sua música tomaram também o meu apartamento, CEP 37326.

Meu pequeno camundongo, esta é provavelmente a última vez que escrevo para você

não sei que horas são

espalhei-me, já não reconheço fronteiras, estou a quilômetros de distância, mas também aqui, seguirei sem a companhia das palavras vírgulas pontos

guardei este recorte de jornal

deixei a janela aberta

sempre

há que se lembrar de respirar

neste recorte li uma coisa magnífica

a história de um experimento

ano 1774

diz o recorte

a ciência prova que as plantas absorvem o dióxido de carbono exalado pelos animais e produzem oxigênio de volta

diz o recorte

leia

deixei a janela aberta

não é magnífico que apenas um centímetro de janela já seja suficiente

isso acontece para nos lembrar

no experimento

diz o recorte

fechavam um camundongo em uma redoma e logo o pequeno ser ficava inconsciente

diz o recorte

isso acontece para nos lembrar que as palavras

assim como nós

assim como os peixes

assim como as montanhas

assim como os séculos

assim como as músicas

no entanto

diz o recorte

quando uma planta era colocada junto do camundongo

meu pequeno segredo

quando a planta e o pequeno animal estavam juntos

diz o recorte

ele

o pequeno animal

sobrevivia

diz o recorte

leia

deixei a janela aberta.

Som de batidas na porta. A. finalmente consegue ar suficiente para sua última despedida: as palavras de uma canção de amor.

FIM

A árvore: a vida só é possível reinventada[1]

Nos últimos meses, muitas coisas nos foram arrancadas e outras foram impostas com violência inédita. Difunde-se a ideia de que o importante agora é sobreviver, já que as esperanças de futuro foram cerceadas e a morte se tornou um dado incontornável do presente. Talvez por isso *A árvore*, solo protagonizado por Alessandra Negrini, dirigido por Ester Laccava e João Wainer e escrito por Silvia Gomez, ganhe uma atualidade e uma importância ímpares: é uma recusa às limitações que o presente insiste em naturalizar.

Em *A árvore*, o conjunto recusa qualquer enquadramento definitivo ou ultimato de época. Isso se traduz na forma oblíqua com que Silvia Gomez apresenta a saga de A., mulher que relata a um interlocutor desconhecido como aos poucos se transforma em um vegetal. Os movimentos emergem

---

1. Crítica à peça-filme *A árvore*, protagonizada por Alessandra Negrini, dirigida por Ester Laccava e João Wainer, criada e roteirizada por Ester Laccava e produzida por Gabriel Fontes Paiva. Texto publicado originalmente no site *Cena aberta – Teatro, crítica e política das artes*, no dia 31 de março de 2021.

acompanhados menos de uma consciência racional e linear e mais de um fluxo poético: a cronologia se altera, os pensamentos se amontoam sobre sensações, as imagens se impõem, combinadas a ideias fragmentárias. Numa hora sabemos que ela vai cuidar das plantas da vizinha, na outra sabemos que um radical processo de "tornar-se planta" entrou em marcha. O evento fantástico guarda algo da transformação inusitada de Gregor Samsa, em *A metamorfose*, que depois de uma noite de sonhos intranquilos subitamente se vê transformado em um inseto. Mas no monólogo de Gomez não há o assombro desesperado e ultrarracional da personagem kafkiana. A. parece pouco interessada nas consequências lógicas de sua transformação, pois quanto mais se percebe planta, mais é tomada de uma empolgação contra as velhas categorias (funcionais, utilitárias, mercadológicas e individualistas) que dominam nossa existência.

Contudo, que forma seria essa? Estaríamos mesmo diante de um relato? Não há nesse testemunho também um testamento, como se A. deixasse para trás o legado de nossa miséria e sugerisse a entrada em um mundo novo? Ou seria talvez uma videopostagem irônica para o interlocutor, que acompanharia seu último post em rede social, revelando as futilidades deste nosso mundo animalizado? Ou ainda um diário alucinado, que tem como interlocutora ela própria, tentando entender os descaminhos dessa estranha transformação, sugerindo a nós a necessidade de um mergulho íntimo radical como primeiro passo para qualquer revolução? A classificação importa pouco, já que a forma é fugidia, da mesma maneira que a narrativa dos acontecimentos o é, pois segue aquela causalidade mágica de que falava Jorge Luis Borges, a propósito de suas narrativas fantásticas. Afinal, quando a racionalidade do Estado parece tomada do mais alto poder de destruição e morte, como no Brasil de hoje, talvez apenas a forma fantástica seja capaz de avançar sobre o nervo do nosso tempo e encontrar sendas para o futuro. De todo modo, é límpido que, como uma espécie de compensação ao pensamento em deriva, a imaginação criativa que se faz ver – aparentemente tão íntima – não é mero exercício de estilo, muito menos celebração do ensimesmamento. Lembrando a poeta russa Anna Akhmátova e um episódio do stalinismo, a personagem diz: "Sim, sim, eu escrevo para que você saiba que isso de fato aconteceu." Basta olharmos à nossa volta para concordar. Em um momento de terror como este, quando esta criação vem a público, a imaginação poética, a escritura, precisa ser também política. É a sua ética esperada.

O íntimo, o mundo

No espetáculo, o signo da recusa também se impõe ao negar que a casa seja palco de uma morte solitária. Hoje, quantos de nós não nos angustiamos com o fato de que o confinamento pandêmico flerta com uma morte gradual e silenciosa? É como se o lar de cada um e cada uma se tornasse palco de um incomunicável sofrimento, rompendo nosso vínculo com as saídas coletivas. No entanto, em *A árvore*, a intimidade de uma mulher solitária se transforma em fato público.

O monólogo que, aparentemente, supõe a impossibilidade do diálogo, sugere aqui a explosão do íntimo que aspira ao outro. A personagem verbaliza sua viagem no interior do lar, ainda que sem entendê-la de todo, porque seu apartamento

não é só refúgio, não é só um baú de segredos pequeno-
-burgueses. Ele é documento da História e de suas transfor-
mações, como a própria protagonista ilumina: "As casas não
são apenas almofadas e fogões, mas, sim, a história escondida em almofadas e fogões e tubulações – a história das
revoluções, da fome, da guerra, dos encontros, da justiça,
da injustiça, da tirania, das pestes."

Ela dá vazão àquilo que Jean-Pierre Sarrazac poria nos
termos de uma "conflagração entre [...] a casa e o Universo, o eu e o mundo", de modo que o relato do que parece
incomunicável, o relato de algo que os vizinhos mal podem
perceber, vira chamado coletivo para a urgência de um novo
modelo civilizatório. É como se o movimento quase ridículo
de uma *Mimosa pudica*, plantinha que agarrou o cabelo de
A. enquanto ela limpava uma estante, e que foi o gatilho para
uma transformação radical na vida da personagem, fosse o
mesmo movimento que serviu de estalo para que o apartamento de classe média se transformasse em jardim, em
floresta, em novo planeta. É uma planta que delicadamente
agarra um cabelo, mas é também um ser que grita, uma
crítica e um chamado.

Alessandra Negrini consegue de modo muito perspicaz
lidar com essa difícil dialética, mediando a descoberta de um
"devir planta" e a fina ironia de quem deixa para trás um modo
de vida destrutivo e caduco. Vai, portanto, do lírico ao cômico
com muita naturalidade – a mesma naturalidade com que
captura a densa filosofia da dramaturgia de Silvia Gomez para
convertê-la em uma atuação limpa, que nos cola ao sensualis-
mo dos animais e vegetais. Sobre esse tema, a sensualidade
e a beleza, podemos dizer que é uma atuação que resgata,
para nós, uma variação importante do sensual. Não é algo

fortuito, se pensarmos em uma atriz bonita como Negrini. Dizia a pintora e pedagoga Fayga Ostrower (parafraseamos) que, do ponto de vista da arte, a beleza não é o "bonitinho". Trata-se de uma justeza interior à forma, aos arranjos, que nos parece bela. Esse trânsito, não em linha reta, mas interessado nas curvas, idas e voltas do texto, cheio de sutilezas, de um a outro estado, em busca do ajuste no imaginário da cena, é que, supomos, movimenta a atriz. Isso nos leva com ela enquanto a vemos trabalhar "bonitamente".

A crise, a mudança

A direção de Ester Laccava e João Wainer também recusa a ideia de que o teatro teria morrido nestes tempos de pandemia. Na gravação em teatro-cinema, ou cinema-teatro (não importa o status, importa o que a experiência é efetivamente), por mais contraditório que pareça, é a força da cena que se impõe; não só porque o apartamento onde vive A. é delicadamente forjado em um palco, ou mesmo porque o enquadramento sugere mais a amplitude da cena e menos os closes do cinema, mas porque o teatro é presentificado por meio de ausência. Em determinada altura da saga de A., a atriz deixa sua personagem e, sentada em um palco nu, diante de um espelho, analisa o que se passa. A plateia está vazia. E nós, espectadores confinados em uma casa ou apartamento, experimentamos a dimensão fantasmática do teatro que insiste em dizer que ainda está lá.

Na esteira dessas relações entre texto e cena-tela-vídeo, vale dizer que a obra de Silvia Gomez é bela e difícil. É bela ao conjugar sua vocação para o lirismo em um plano de pensamento que nos interessa e mobiliza; mas é difícil do ponto de vista do desafio, da tarefa artística colocada aos outros criadores, nas circunstâncias dadas. Por isso o trabalho com interesse nas minúcias, em que se empenharam o diretor e a diretora, é digno de nota. Cria, em uma frente, os vínculos para que as situações narradas, fugidias e em fragmentos, tenham chão. A paisagem visual nos chega, assim, cheia de detalhes significativos – na alternância entre os planos, nas eleições que a câmera faz dentro da cenografia, por exemplo; e em outra frente alicerça possibilidades, geografias, espaços, intenções para a atuação de Alessandra Negrini. A escolha por certa forma naturalista na interpretação (sem, no entanto, sublinhar a própria forma) parece acertada. Ela gera campos de empatia em um veículo tão mediado quanto o vídeo, a ponto de podermos dizer que – sim – o teatro está lá porque nada disso seria possível sem os instrumentos centrais, os discursos e manhas do mais antigo teatro. O trabalho de Ester Laccava e João Wainer foi descobrir, então, veredas pelo meio e para o meio. Não há novidade na tarefa, mas há nas circunstâncias. A sociologia em que essas operações se inserem neste momento da vida do país pedem mais que "soluções técnicas", transposição de linguagens, etc.; pedem sensibilidade para as questões de fundo, que nos dizem respeito a todos e todas, e que salvo engano também guiaram as buscas da direção. O xadrez que a encenação joga, envolvendo meios, invenção e finalidades, é, pode-se dizer, a cifra de arte do projeto. E ela é muito significativa.

A montagem, como se vê, não se reduz a esquemas, nem a ultimatos. Não é um relato de morte, ainda que a personagem, de algum modo, precise renascer daquilo que estava morto. É um chamado para que se viva de modo diferente, mesmo que isso implique negar categorias que basearam até hoje nosso entendimento do humano. E tal como o pensamento ameríndio, que coloca a condição humana mais como perspectiva – ou posição – do que como essência superior à dos demais animais, plantas e objetos, a protagonista de *A árvore* perde sua condição de *Homo sapiens* para se reposicionar no mundo. Não há redução ou limitação nisso, pelo contrário: há enraizamento, expansão, pulsão, criação. No limiar da natureza e da cultura, ela percebe que não só seu sangue se torna seiva, mas também números, fronteiras, objetos, mercadorias e a própria noção de indivíduo deixam de fazer sentido. Aliás, o sentido não importa mais. Assim, *A árvore* abre uma pequena janela nesse nosso cômodo escuro – nos lembra que é possível respirar e que as plantas ainda podem tomar conta das ruínas.

Kil Abreu e Rodrigo Nascimento

Kil Abreu é jornalista, crítico, curador e pesquisador do teatro, membro da Associação Internacional de Críticos de Teatro (IACT/AICT).

Rodrigo Nascimento é crítico, tradutor e foi professor do Instituto de Artes da Universidade Estadual Paulista (Unesp). É autor de *Tchékhov e os palcos brasileiros* (Editora Perspectiva).

Agradecimentos

A Gabriel Fontes Paiva e Lili Herrera, interlocuções fundamentais na escrita deste texto. Aos amigos que fiz durante a Semana Internacional de Dramaturgia Contemporânea, em 2019, no México, país que, de alguma forma, inspira esta escrita: Boris Schoemann, Mario Cantú Toscano, Verónica López García, Maribel Carrasco, Gracia Morales, Carlos Satizabal, Pilo Galindo, Itzel Lara, Sergio Blanco, Abel González Melo, Daniel Danis, Daniel Serrano Moreno e Iozé Penãloza. A Alessandra Negrini, por fazer acontecer e dar vida às palavras. A Ester Laccava e João Wainer, pela obra. A minha mãe, Carmem Mírian, e a minhas avós, Coeli e Carmem, inspirações arborescentes.

© Editora de Livros Cobogó, 2021

Editora-chefe
Isabel Diegues

Editora
Feiga Fiszon

Gerente de produção
Melina Bial

Revisão final
Eduardo Carneiro

Projeto gráfico de miolo e diagramação
Mari Taboada

Capa
Adriana Komura

CIP-BRASIL. CATALOGAÇÃO-NA-FONTE
SINDICATO NACIONAL DOS EDITORES DE LIVROS, RJ

G619a Gomez, Silvia
A árvore / Silvia Gomez.- 1. ed.- Rio de Janeiro : Cobogó, 2021.
80 p. ; 19 cm. (Dramaturgia)

ISBN 978-65-5691-044-4

1. Teatro brasileiro. I. Título. II. Série.

21-73505

CDD: 869.2
CDU: 82-2(81)

Camila Donis Hartmann- Bibliotecária- CRB-7/6472

Todos os direitos reservados à
Editora de Livros Cobogó Ltda.
Rua Gen. Dionísio, 53, Humaitá
Rio de Janeiro – RJ – Brasil – 22271-050
www.cobogo.com.br

Outros títulos desta coleção:

COLEÇÃO DRAMATURGIA

ALGUÉM ACABA DE MORRER LÁ FORA, de Jô Bilac

NINGUÉM FALOU QUE SERIA FÁCIL, de Felipe Rocha

TRABALHOS DE AMORES QUASE PERDIDOS, de Pedro Brício

NEM UM DIA SE PASSA SEM NOTÍCIAS SUAS,
de Daniela Pereira de Carvalho

OS ESTONIANOS, de Julia Spadaccini

PONTO DE FUGA, de Rodrigo Nogueira

POR ELISE, de Grace Passô

MARCHA PARA ZENTURO, de Grace Passô

AMORES SURDOS, de Grace Passô

CONGRESSO INTERNACIONAL DO MEDO, de Grace Passô

IN ON IT | A PRIMEIRA VISTA, de Daniel MacIvor

INCÊNDIOS, de Wajdi Mouawad

CINE MONSTRO, de Daniel MacIvor

CONSELHO DE CLASSE, de Jô Bilac

CARA DE CAVALO, de Pedro Kosovski

GARRAS CURVAS E UM CANTO SEDUTOR, de Daniele Avila Small

OS MAMUTES, de Jô Bilac

INFÂNCIA, TIROS E PLUMAS, de Jô Bilac

NEM MESMO TODO O OCEANO, adaptação de Inez Viana do
romance de Alcione Araújo

NÔMADES, de Marcio Abreu e Patrick Pessoa

CARANGUEJO OVERDRIVE, de Pedro Kosovski

BR-TRANS, de Silvero Pereira

KRUM, de Hanoch Levin

MARÉ/PROJETO bRASIL, de Marcio Abreu

AS PALAVRAS E AS COISAS, de Pedro Brício

MATA TEU PAI, de Grace Passô

ÃRRÃ, de Vinicius Calderoni

JANIS, de Diogo Liberano

NÃO NEM NADA, de Vinicius Calderoni

CHORUME, de Vinicius Calderoni

GUANABARA CANIBAL, de Pedro Kosovski

TOM NA FAZENDA, de Michel Marc Bouchard

OS ARQUEÓLOGOS, de Vinicius Calderoni

ESCUTA!, de Francisco Ohana

ROSE, de Cecilia Ripoll

O ENIGMA DO BOM DIA, de Olga Almeida

A ÚLTIMA PEÇA, de Inez Viana

BURAQUINHOS OU O VENTO É INIMIGO DO PICUMÃ, de Jhonny Salaberg

PASSARINHO, de Ana Kutner

INSETOS, de Jô Bilac

A TROPA, de Gustavo Pinheiro

A GARAGEM, de Felipe Haiut

SILÊNCIO.DOC, de Marcelo Varzea

PRETO, de Grace Passô, Marcio Abreu e Nadja Naira

MARTA, ROSA E JOÃO, de Malu Galli

MATO CHEIO, de Carcaça de Poéticas Negras

YELLOW BASTARD, de Diogo Liberano

SINFONIA SONHO, de Diogo Liberano

SÓ PERCEBO QUE ESTOU CORRENDO QUANDO VEJO QUE ESTOU CAINDO, de Lane Lopes

SAIA, de Marcéli Torquato

DESCULPE O TRANSTORNO, de Jonatan Magella

TUKANKÁTON + O TERCEIRO SINAL, de Otávio Frias Filho

SUELEN NARA IAN, de Luisa Arraes

SÍSIFO, de Gregorio Duvivier e Vinicius Calderoni

HOJE NÃO SAIO DAQUI, de Cia Marginal e Jô Bilac

PARTO PAVILHÃO, de Jhonny Salaberg

A MULHER ARRASTADA, de Diones Camargo

CÉREBRO_CORAÇÃO, de Mariana Lima

O DEBATE, de Guel Arraes e Jorge Furtado

BICHOS DANÇANTES, de Alex Neoral

COLEÇÃO DRAMATURGIA FRANCESA

É A VIDA, de Mohamed El Khatib | Tradução Gabriel F.

FIZ BEM?, de Pauline Sales | Tradução Pedro Kosovski

ONDE E QUANDO NÓS MORREMOS, de Riad Gahmi | Tradução Grupo Carmin

PULVERIZADOS, de Alexandra Badea | Tradução Marcio Abreu

EU CARREGUEI MEU PAI SOBRE MEUS OMBROS, de Fabrice Melquiot | Tradução Alexandre Dal Farra

HOMENS QUE CAEM, de Marion Aubert | Tradução Renato Forin Jr.

PUNHOS, de Pauline Peyrade | Tradução Grace Passô

QUEIMADURAS, de Hubert Colas | Tradução Jezebel De Carli

COLEÇÃO DRAMATURGIA ESPANHOLA

A PAZ PERPÉTUA, de Juan Mayorga | Tradução Aderbal Freire-Filho

ATRA BÍLIS, de Laila Ripoll | Tradução Hugo Rodas

CACHORRO MORTO NA LAVANDERIA: OS FORTES, de Angélica Liddell | Tradução Beatriz Sayad

CLIFF (PRECIPÍCIO), de José Alberto Conejero | Tradução Fernando Yamamoto

DENTRO DA TERRA, de Paco Bezerra | Tradução Roberto Alvim

MÜNCHAUSEN, de Lucía Vilanova | Tradução Pedro Brício

NN12, de Gracia Morales | Tradução Gilberto Gawronski

O PRINCÍPIO DE ARQUIMEDES, de Josep Maria Miró i Coromina
Tradução Luís Artur Nunes

OS CORPOS PERDIDOS, de José Manuel Mora | Tradução Cibele Forjaz

APRÈS MOI, LE DÉLUGE (DEPOIS DE MIM, O DILÚVIO), de Lluïsa Cunillé | Tradução Marcio Meirelles

2021

1ª impressão

Este livro foi composto em Univers.
Impresso pela BMF Gráfica e Editora
sobre papel Pólen Bold 70g/m².